青少年人工智能创新
启蒙工程

数据宝藏岛
进阶寻宝

方海光 郑志宏 | 总主编
石群雄 焦玉明 曹宇 | 主编

人民邮电出版社
北京

图书在版编目（CIP）数据

数据宝藏岛：进阶寻宝 / 方海光，郑志宏总主编；石群雄，焦玉明，曹宇主编. -- 北京：人民邮电出版社，2025. -- （青少年人工智能创新启蒙工程）. -- ISBN 978-7-115-65859-3

Ⅰ. G624.583

中国国家版本馆 CIP 数据核字第 2025GL3463 号

内 容 提 要

《数据宝藏岛：进阶寻宝》是一本专为小学低年级学生设计的人工智能进阶科普图书，旨在通过图形化的方式深入探索数据世界的奥秘，培养学生们的数据处理和分析能力。本书结合生动的实践活动和趣味性的案例，引导学生们逐步掌握数据编码、文件处理、人工智能中的数据应用等进阶知识。同时，本书也注重培养学生的创新思维和实践能力，让他们在解决问题的过程中不断挑战自我，实现个人成长和进步，为他们在人工智能领域中的深入学习和对知识的灵活应用打下坚实的基础。

◆ 总 主 编 方海光　郑志宏
  主　　编 石群雄　焦玉明　曹　宇
  责任编辑 王　芳
  责任印制 马振武

◆ 人民邮电出版社出版发行　北京市丰台区成寿寺路 11 号
  邮编 100164　电子邮件 315@ptpress.com.cn
  网址 https://www.ptpress.com.cn
  北京九天鸿程印刷有限责任公司印刷

◆ 开本：787×1092　1/16
  印张：5.75　　　　　　　2025 年 3 月第 1 版
  字数：62 千字　　　　　　2025 年 5 月北京第 2 次印刷

定价：30.00 元

读者服务热线：(010)53913866　印装质量热线：(010)81055316
反盗版热线：(010)81055315

专家委员会

安晓红	边 琦	蔡 春	蔡 可	柴明一	陈 梅	陈 鹏	
杜 斌	傅树京	郭君红	郝智新	黄荣怀	金 文	康 铭	
李 锋	李怀忠	李会然	李 磊	李 猛	刘建琦	马 涛	
陕昌群	石群雄	苏 宁	田 露	万海鹏	王海燕	武佩峰	
武瑞军	武 装	薛海平	薛瑞玲	张 蓓	张 鸽	张景中	
张 莉	张 爽	张 硕	周利江	朱永海			

编委会

白博林	鲍 彬	边秋文	卞 丽	曹福来	曹 宇	崔子千
戴金芮	邓 洋	董传新	杜 斌	方海光	高桂林	高嘉轩
高 洁	郭皓迪	郝佳欣	郝 君	洪 心	侯晓燕	胡 泓
黄颖文惠	季茂生	姜 麟	姜志恒	焦玉明	金慧莉	康亚男
孔新梅	李福祥	李 刚	李海东	李会然	李 炯	李 萌
李 婷	李 伟	李泽宇	栗 秀	梁栋英	刘慧薇	刘 娜
刘晓烨	刘学刚	刘振翠	卢康涵	吕均瑶	马 飞	马小勇
满文琪	苗兰涛	聂星雪	裴少霞	彭绍航	彭玉兵	任 琳
陕昌群	单楷罡	尚积平	师 科	石 磊	石群雄	舒丽丽
唐 淼	陶 静	田 露	田迎春	涂海洋	万 晶	汪乐乐
王彩琴	王丹丹	王 健	王 青	王秋晨	王显闯	王晓雷
王馨笛	王雁雯	王 雨	魏嘉晖	魏鑫格	瓮子江	吴 昊
吴 丽	吴 俣	武佩峰	武 欣	武 艺	相 卓	肖 明
燕 梅	杨琳玲	杨青泉	杨玉婷	姚凯珩	叶宇翔	殷 玥
于丽楠	袁加欣	曾月莹	张 东	张国立	张海涛	张 慧
张京善	张 柯	张 莉	张明飞	张晓敏	张 旭	张 禹
张智雄	张子红	赵 芳	赵 森	赵 山	赵 昕	赵 悦
郑长宏	郑志宏	周建强	周金环	周 敏	周 颖	朱庆煊
朱婷婷						

总 序

在当今信息技术迅猛发展的背景下，人工智能（AI）已成为推动社会进步的关键力量。向小学生普及人工智能相关知识，培养适应未来社会的创新人才，是新时代人工智能发展的必然要求。

本套书致力于开展人工智能普及教育，重点培养小学生的逻辑思维、批判性思维和问题解决能力，引导小学生掌握人工智能基本知识、认识人工智能在信息社会中的重要作用、运用人工智能技术解决生活与学习中的问题。通过本套书的学习，学生能够获得人工智能的基本知识、应用技能，在运用人工智能技术解决实际问题的过程中，成长为具有良好的信息意识、计算思维、创新能力及社会责任感的公民。

本套书提供的学习内容均来自真实的生活场景，以问题引入，以活动贯穿，运用生动活泼、贴近生活的案例进行概念阐述。同时，本套书还注重结合小学生的学习特点，避免了单纯的知识传授与理论灌输。本套书围绕学生在学校、家庭、社会中的所见所闻展开学习活动，采用体验式学习、项目式学习与探究性学习的形式，在阐述概念和理论的基础上，提升学生的学习兴趣，加强学生对人工智能的理解。

本套书共12册，内容由浅入深，从基础知识，到数据和算法，最后到物联网、开源鸿蒙和AI大模型，每册都有不同的主题。本套书要求学生亲自动手完成书中的学习活动，让学生感受人工智能技术给人们的生活带来的美好。

本套书能够得以完成，十分感谢来自北京、沈阳、成都等不同地区的学科专家和一线教师，他们具有丰富的教育教学经验，部分内容经过了多轮教学实践，从而保证了内容的实用性和科学性。特别感谢专家委员会的倾力指导，专家们对本套书的内容选择、展现形式、学习方式等都提出了很多宝贵的建议，极大地提高了本套书的内容质量。

囿于作者能力，本套书难免存在不完善之处，敬请广大读者批评指正。

总主编　方海光

前 言

在这个学期里,我们将通过丰富多彩的课程,探索人工智能的奥秘,感受科技带来的无限可能。人工智能不仅是现代科技的重要组成部分,也是我们未来生活的重要推动力。它不仅改变了我们的生活方式,也正在重塑着我们周围的世界。

在第1单元"'奇怪'的号码——生活中的编码"中,我们将认识生活中各种各样的编码,如身份证号、车牌号等。这些编码不仅是现代社会的标志,更是信息传输的重要工具。通过探究这些编码的科学原理,我们将了解编码在生活中的广泛应用及其重要性。通过一系列的活动,我们会发现每一个编码背后都蕴含着科学的智慧和精密的设计。理解这些编码的目的和意义,将帮助我们更好地理解数据与编码的关系,学会用编码解决生活中的简单问题,感受信息时代的便利与高效。

第2单元"数字变魔术——文件里的秘密编码"将带我们进入一个数字化的奇妙世界,我们将学习计算机是如何通过编码处理文字、图像、声音和视频的。从最简单的ASCII码到覆盖全球语言的Unicode编码,再到图像的像素编码和声音的波形编码,这些编码技术是我们日常使用的各种数字文件形成的基础。通过动手实践,我们将亲身体验编码和解码的过程,理解编码在信息存储与传输中的重要作用,并初步掌握一些基本的编码原理和方法。这不仅能提升我们的计算机技能,还能为将来更深入的学习打下坚实的基础。

在第3单元"智慧小镇探险——人工智能中的数据"中,我们将一起探险智慧小镇，了解人工智能中的数据如何帮助机器理解世界。通过手写数字识别实验，我们将掌握数据采集、特征提取、模型训练和模型验证等基本过程，了解人工智能的学习和决策机制。数据是人工智能的"粮食"，通过这个单元的学习，我们会认识到数据在人工智能中的重要性，理解人工智能如何通过数据变得越来越聪明。

在第4单元"走进智能图书馆——自助借阅图书"中，我们将走进智能图书馆，体验自助借阅图书的便利。通过学习图书馆中的中国标准书号、索书号和条形码，我们将了解这些编码在图书管理中的作用和意义，学会利用编码快速找到并借阅图书。同时，我们还会亲身体验自助借还书机的使用，感受物联网技术和云计算技术在图书馆中的应用。这不仅是一次关于编码的学习，更是一次科技与生活结合的生动实践。通过这个单元，我们将学会如何利用科技手段提升学习和生活的效率，培养动手能力和解决实际问题的能力。

希望这本书不仅是学生们学习人工智能的入门指南，更是他们开启科技梦想的钥匙。在这个充满挑战和机遇的时代，掌握人工智能知识，理解数据和编码，将为学生们的未来打开一扇通往无限可能的大门。希望学生们在学习中能始终保持好奇心，勇于探索，勤于动手，乐于思考，积极参与到每一个学习环节中来。

愿学生们在人工智能的世界里，发现新的知识，培养创新思维，开拓广阔的视野。让我们一起踏上这段精彩的学习旅程，成为未来的科技创新者！

主编　石群雄

目　录

第 1 单元
"奇怪"的号码——生活中的编码 10

- 第1课　有序世界——身边的编码 12
- 第2课　密码信使——编码的规则 16
- 第3课　保护秘密——验证并优化编码 21
- 第4课　探秘盒子——"奇怪"号码的秘密 24

单元总结 28

第 2 单元
数字变魔术——文件里的秘密编码 30

- 第1课　字符魔术——探索文字编码 32
- 第2课　多彩像素——认识图像编码 36
- 第3课　神奇波动——初识声音编码 40
- 第4课　动态视界——巧用视频编码 44

单元总结 49

第3单元

智慧小镇探险——人工智能中的数据 50

第1课　神奇的数据世界——数据知多少 52

第2课　捕捉数据宝藏——数据的收集和整理 56

第3课　数据的"魔法"变身——数据的表示与分析 60

第4课　聪明的数据助手——数据帮我们进行决策 65

单元总结 69

第4单元

走进智能图书馆——自助借阅图书 70

第1课　图书的"身份证"——中国标准书号 71

第2课　找书"法宝"——索书号 76

第3课　自助借还书——图书馆藏书条形码的使用 80

第4课　体验分享——数据有关联 83

单元总结 87

附录 89

第1单元
"奇怪"的号码——生活中的编码

单元情景

编码是信息转化的手段，编码提供规则框架，号码则是规则下的具体应用。生活中常见的身份证号码、车牌号等"奇怪"的号码，都是编码的具体应用。现代社会许多重要信息的传输依赖编码。那么，编码背后隐藏着怎样的科学原理？本单元我们将踏上探索之旅，学习编码的基础知识，体会编码在学习与生活中的巨大作用。

单元主题

随着信息技术的发展，编码被广泛应用于通信、金融、医疗、教育等各个领域，成为现代社会高效运转的基石，推动着智能化时代的到来。

在完成每节课的活动时，请同学们思考并讨论为何每个人都要有身份证号码？为何每栋楼都要有门牌号？为何我们看不懂的二维码，计算机却能读懂？

我的智能学习目标

1. 了解编码在生活中的应用，理解数据与编码之间的关系，理解编码的目的与意义。
2. 了解编码长度与所包含信息量之间的关系，探索数据间的关联。
3. 初步掌握使用编码表示信息的方法，学会用编码解决生活中的简单问题。

4. 知道编码和解码是信息存储与传输的必要步骤，初步掌握验证并优化编码规则的方法。

我的智能学习工具

　　硬件准备：可以连接互联网的计算机。

　　软件准备：搜索引擎。

数据宝藏岛：进阶寻宝

第1课　有序世界——身边的编码

我的智能生活

在日常生活中，我们每天都会看到、用到很多"特别"的号码，比如学号、车牌号等。这些号码可以快速、精准地表达信息，为我们的生活带来了极大的便利。你知道这些号码是怎么产生的吗？

我的智能活动计划

本节课我们将认识编码并了解编码在生活中的应用，理解数据与编码之间的关系。同学们可以参考图1.1所示的智能活动计划来开展本节课的学习。

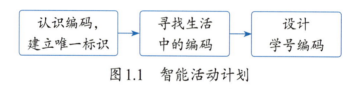

图1.1　智能活动计划

一、认识编码

编码按照规则，将文字、数字或者其他符号转换为规定的符号组合，用来表达特定的信息。例如：同一栋楼不同楼层的标识牌、同一个班级不同的座位号，如图1.2所示。

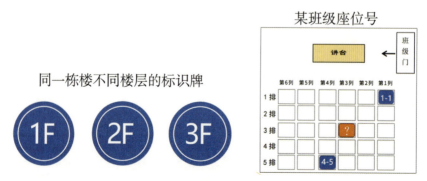

图1.2　标识牌与座位号

二、建立唯一标识

编码的目的主要是建立唯一标识。如每个人的身份证号码都是独一无二的，它在我们出行购票、参加考试等很多重要的场合中发挥着重要作用，如图1.3所示。

图1.3 唯一标识

我的智能探索

一、寻找生活中的编码

如图1.4所示，请观察图片中的编码，说一说它们将哪些类型的数据组合在一起？用来表达什么信息？例如车牌号"京J·AW892"，它是由汉字、字母、数字和符号（中间的圆点）4种类型的数据组成的。

图1.4 几种不同的编码

数据宝藏岛：进阶寻宝

二、设计学号编码

有些同学的名字同音不同字，这很容易在日常交流和学习中造成混淆，如果你遇到图1.5所示的情况，可以怎样解决呢？_____

_____

请同学们在班级学号的基础上扩展学号编码，使其进一步适用于年级、学校范围，并将研讨结果记录在表1.1中。

图1.5 学生名单

表1.1 学号编码表

我的班级学号	我的年级学号	我的学校学号

学号编码示例如图1.6所示。

我的班级学号	我的年级学号	我的学校学号
04	0204	20200204

04表示班级学号是4号，0204表示是2班4号，20200204表示是2020年入学（也就是五年级）2班的4号。

图1.6 学号编码示例

我的智能成果

请同学们将自己的收获以文字或图片的形式记录在表1.2中。

表1.2 我的收获

研究问题	我的收获
编码的目的与意义	

第1单元 "奇怪"的号码——生活中的编码

请同学们将本节课的学习活动表现评价记录在表1.3中。

表1.3 我的学习活动表现评价

评价内容	自我评价	组长评价
理解数据与编码之间的关系	☆☆☆☆☆	☆☆☆☆☆
理解编码的目的与意义	☆☆☆☆☆	☆☆☆☆☆
能够认真思考，积极探究、交流	☆☆☆☆☆	☆☆☆☆☆

我的智能视野

同学们，编码还广泛应用于人工智能中。例如，人工智能可以通过编码把我们说的话转化成智能机器能"听懂"的语言，智能机器还能根据编码后的语言，快速地做出反应。它可能会给我们播放一首好听的歌曲，或者给我们讲一个有趣的笑话。

数据宝藏岛：进阶寻宝

第2课　密码信使——编码的规则

我的智能生活

我们生活在一个人工智能技术飞速发展的时代，不同的编码规则发挥着不同的作用。比如在智能家居系统中，每一个智能家电都有其独特的编码规则；在医疗领域中，病人的信息也遵循特定的编码规则。

我的智能活动计划

本节课我们会了解编码长度与所包含信息量之间的关系，初步掌握使用编码表示信息的方法。同学们可以参考图1.7所示的智能活动计划来开展本节课的学习。

图1.7　智能活动计划

我的智能学习

一、认识多种多样的编码方式

生活中有很多有趣的编码方式，如莫尔斯码是一种时通时断的信号代码；再如旗语，它在古代是一种重要的通信方式。如今，信号旗仍作为一种简便、可靠的通信手段使用。最常见的海军旗语编码表如图1.8所示。

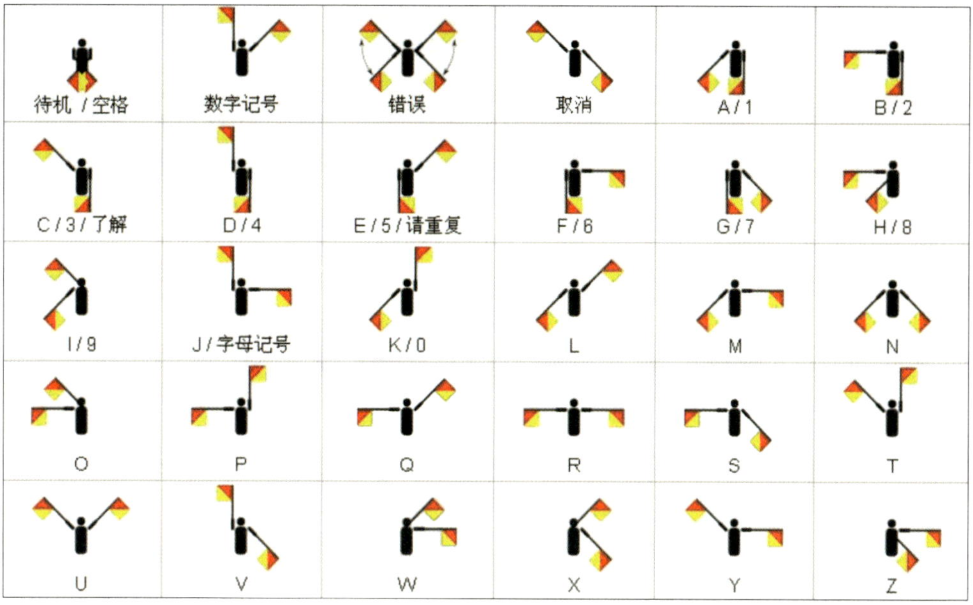

第1单元 "奇怪"的号码——生活中的编码

图1.8　海军旗语编码表

二、制定编码规则

无论采用何种编码方式，只要编码规则明确，就能准确传递信息。编码前，要先对待编码的数据进行分类、整理，确定需要提取几项数据，每项数据占几位。此外，还要考虑编码的应用场合、提取要素及编码的可扩展性等特征。

编码长度不同，传达的信息量也不同。例如：某学校学生学号为20190107，编码中的"07"代表用两位数字表示个人排序，最多可以表示99名同学；该同学的学号也可以表示为201901007，编码中的"007"代表用三位数字表示个人排序，最多可以表示999名同学。

我的智能探索

一、破译编码秘密

如图1.9所示，请根据左侧的编码对照表，破解右侧的密信。

数据宝藏岛：进阶寻宝

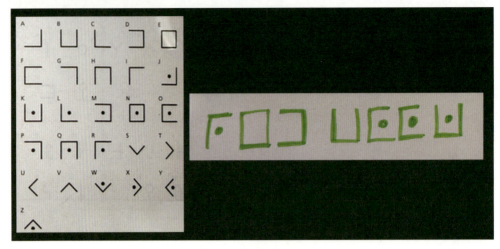

图1.9　破解密信

二、设计作品的编码规则

如表1.4所示，学校四年级（共10个班级）举行绘画大赛，征集到近百幅作品。这么多作品，该怎么给它们编码呢？

表1.4　作品登记表

班级	姓名	学号	作品名称	作品编码
1班	王悦	17	《猫》	
1班	赵欣然	29	《皮卡丘》	
3班	宋松	35	《快乐的一天》	
2班	刘奇	6	《科学的乐园》	
2班	徐佳佳	1	《龟兔赛跑》	
3班	欧阳果儿	21	《快乐伙伴的开心时光》	

请同学们自由分组，以小组为单位设计作品的编码规则，填写表1.5。

第1单元 "奇怪"的号码——生活中的编码

表1.5 编码规则

编码长度/位	含义1	含义2
4	第1位、第2位表示班级	第3位、第4位表示学号

我的智能成果

请同学们将自己的收获以文字或图片的形式记录在表1.6中。

表1.6 我的收获

研究问题	我的收获
编码规则的制定	

请同学们将本节课的学习活动表现评价记录在表1.7中。

表1.7 我的学习活动表现评价

评价内容	自我评价	组长评价
了解编码长度与所包含信息量之间的关系	☆☆☆☆☆	☆☆☆☆☆
初步掌握制定编码规则的方法	☆☆☆☆☆	☆☆☆☆☆
能够认真思考，积极探究、交流	☆☆☆☆☆	☆☆☆☆☆

我的智能视野

人工智能，就像一个机器小伙伴。比如我们有很多不同的玩具，

数据宝藏岛：进阶寻宝

可以用1表示小狗，用2表示小猫，这就是一种编码规则。我们把这些编码规则告诉机器小伙伴，它就能通过编码知道哪个是小狗，哪个是小猫。而且，人工智能还可以帮助我们找到更好的编码规则，让机器小伙伴识别小动物变得更简单、更准确！

第1单元 "奇怪"的号码——生活中的编码

第3课 保护秘密——验证并优化编码

我的智能生活

在日常生活中，我们常常面临各种复杂的分类问题，而编码作为一种高效的工具，能够帮助我们清晰地区分和管理不同事物。通过编码，我们不仅可以实现信息的精准分类，还能提高信息传递的时效性和准确性，从而更高效地传递和处理信息。

我的智能活动计划

本节课我们会感受编码的传递效率，初步掌握验证并优化编码规则的方法。同学们可以参考图1.10所示的智能活动计划来开展本节课的学习。

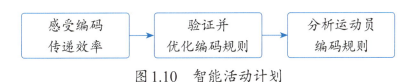

图1.10 智能活动计划

我的智能学习

优化编码是为了进行更好的管理。如表1.8所示，不同编码规则下产生的编码，其传递效率也不同。验证哪一种编码更优的方法是实际使用编码，看哪一种编码规则能高效、准确地传递信息。这是验证编码效率的重要标准。

表1.8 不同编码对比

编码规则	用编码表示1班17号学生的作品
4位编码 前两位表示班级，后两位表示学号	0117

数据宝藏岛：进阶寻宝

续表

编码规则	用编码表示1班17号学生的作品
"随机位数"编码 班级（两位数字）+"姓名"首字母+ 学号+"作品名称"首字母	01wy17m

我的智能探索

请同学们自由分组，根据表1.9所示的运动员编码，以小组为单位分析运动员编码规则，填写表1.10，并讨论此编码规则的优缺点，以及怎么优化编码规则。

表1.9 运动员编码表

年级	班级	学号	姓名	性别	参赛项目	运动员编码
四年级	1班	1	小明	男	400米	40101
三年级	12班	2	小兰	女	200米	31202
二年级	3班	8	小花花	女	跳远	20308
三年级	1班	22	小美	女	跳高	30122

表1.10 编码分析表

编码长度/位	含义1	含义2	含义3

我的智能成果

请同学们将自己的收获以文字或图片的形式记录在表1.11中。

第1单元 "奇怪"的号码——生活中的编码

表1.11 我的收获

研究问题	我的收获
验证并优化编码	

请将本节课的学习活动表现评价记录在表1.12中。

表1.12 我的学习活动表现评价

评价内容	自我评价	组长评价
感受不同编码规则下的编码，体会传递效率差异	☆☆☆☆☆	☆☆☆☆☆
能够根据编码实践，验证并优化编码规则	☆☆☆☆☆	☆☆☆☆☆
能够认真思考，积极探究、交流	☆☆☆☆☆	☆☆☆☆☆

我的智能视野

同学们，你们知道快递分拣中心吗？为了让每一个包裹都能迅速且准确地去到它们该去的地方，快递分拣中心会给每个包裹编码，然后利用人工智能技术扫描这些编码，从而实现自动分拣。那要怎么去验证这个编码的效果呢？比如，我们要把写着编码1的包裹送到编码1所对应的位置，如果包裹上的地址能够准确无误地被识别出来，那就表明编码的有效性验证成功；如果包裹上的地址不能准确被识别出来，我们就需要进一步去优化编码。

数据宝藏岛：进阶寻宝

第4课 探秘盒子——"奇怪"号码的秘密

我的智能生活

编码能够规范、精准地表达信息，让我们的生活更便捷有序。计算机可以依照特定规则，为商品、包裹等赋予独一无二的编码，并快速读取和解析其中的数据信息。相较人工管理，这极大地提升了效率与准确性，有力推动物品管理高效化。

我的智能活动计划

本节课我们会感受到不同编码方式的差异，探索条形码及二维码的用途、意义及生成方法。同学们可以参考图1.11所示的智能活动计划来开展本节课的学习。

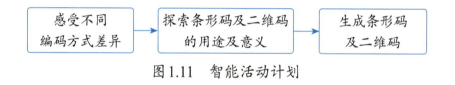

图1.11 智能活动计划

我的智能学习

我们先通过一组编码的对比，感受两种编码的不同特点。如图1.12所示，为了便于记忆上面两种编码，人们使用字母、汉字、数字的组合形式，而下面两种编码使用条码和图形的形式，我们需要通过设备扫描才可以读取其数据信息。

第1单元 "奇怪"的号码——生活中的编码

图1.12 编码对比

我的智能探索

图1.13所示为常见的使用设备扫描条形码和二维码获取信息的方法。请同学们自由分组,各小组上网搜索条形码及二维码,了解其用途及意义,填写表1.13,并尝试将前期课程中的编码在线生成条形码及二维码。

图1.13 使用设备扫描条形码和二维码获取信息

数据宝藏岛：进阶寻宝

表1.13 条形码及二维码的用途及意义

条形码及二维码的用途	条形码及二维码的意义

我的智能成果

请同学们将自己的收获以文字或图片的形式记录在表1.14中。

表1.14 我的收获

研究问题	我的收获
在线生成条形码与二维码	

请同学们将本节课的学习活动表现评价记录在表1.15中。

表1.15 我的学习活动表现评价

评价内容	自我评价	组长评价
了解条形码及二维码的用途及意义	☆☆☆☆☆	☆☆☆☆☆
能够在线生成条形码与二维码	☆☆☆☆☆	☆☆☆☆☆
能够认真思考，积极探究、交流	☆☆☆☆☆	☆☆☆☆☆

我的智能视野

人工智能给我们的生活带来了极大的便利。比如，当我们使用手机上的轨道交通乘车码乘坐地铁时，只要轻轻一扫，神奇的智能识别技术能够在眨眼间极其迅速且精准地读取和校验二维码所蕴含的信息，进而立即操控闸机，使闸机开启，让我们可以毫无阻碍地出入地铁站。而在这整个过程的背后，无论是后台的数据处理还是管理系统等，都充分运用了与人工智能相关的技术和算法，以实现快速、高效、便捷地出入地铁站。

数据宝藏岛：进阶寻宝

单元总结

我做了什么

通过寻找生活中的编码、设计编码规则、验证并优化编码等实践活动，同学们深入探究了编码的奥秘，体会编码在生活中发挥的作用。

我学会了什么

请尝试梳理本单元的活动内容，同学们可以使用思维导图的方式，如图1.14所示，也可以选择其他自己喜欢的方式，让解决问题的过程更加科学和高效。

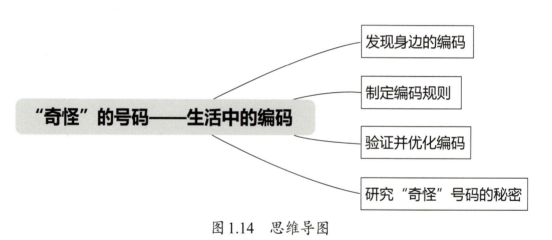

图1.14 思维导图

我的收获

同学们在研究编码的过程中，了解了数据与编码、编码长度与所包含信息量之间的关系，理解了编码唯一性的特点，初步掌握了使用编码表达信息及解决生活中简单问题的方法，体会了编码在我们学习与生活中发挥的重要作用。

除了课程中所涉及的内容，编码世界还有着无数有趣且实用的知识等待我们去探索。比如，区块链技术中的加密编码原理，它如何保

第1单元 "奇怪"的号码——生活中的编码

障数据的安全与不易篡改？又或是生物识别技术里的指纹编码、虹膜编码等，它们怎样实现精准的身份识别？你还有哪些想要深入学习的知识？请通过网络查找资料，将其记录下来并与同学们分享，让我们一起在编码的奇妙世界中继续畅游。

第2单元
数字变魔术——文件里的秘密编码

单元情景

计算机编码是将各类数据和信息转换为计算机能够识别和处理的二进制代码的过程,二进制代码流如图2.1所示。通过这种转换,文字、图像、声音、视频等各类信息得以被计算机存储、传输和处理。编码是计算机科学中的核心概念,也是实现人工智能算法、模型及应用的基础。没有编码,计算机将无法理解人类指令,也无法实现数据的存储与网络传输。现在,让我们一起探索计算机如何对各类信息进行编码,揭开数字世界的神奇面纱,感受科技背后的奇妙逻辑。

图2.1　二进制代码流

单元主题

计算机只能处理二进制信息,对于我们常见的文字、图像、声音和视频，计算机是怎样对其进行编码和处理的？请你和同学们讨论一下并思考：

1. 文字、图像和看不到的声音，计算机怎样对其进行编码？
2. 计算机对视频是怎样编码的？

我的智能学习目标

1. 了解文字、图像、声音及视频编码的基本原理和基本逻辑。
2. 体验编码过程和相关的人工智能应用。

我的智能学习工具

硬件准备：可以连接互联网的计算机或者其他智能设备。

软件准备：视频处理软件。

数据宝藏岛：进阶寻宝

第1课　字符魔术 —— 探索文字编码

我的智能生活

很多同学使用计算机写日记，计算机是怎样处理日记里的文字和符号的呢？编码是目前采用的方式。让我们一起来探究一下。

我的智能活动计划

计算机是怎样对文字进行编码的？同学们可以参考图2.2所示的智能活动计划来开展本节课的学习。

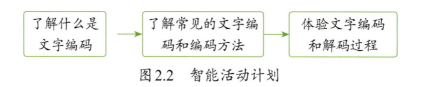

图2.2　智能活动计划

我的智能学习

为了让计算机能理解我们平时使用的数字、字母和符号，人们制定了一些"字符编码"规则。其中最简单的一种叫作"ASCII码"。

当我们在计算机上输入文字时，计算机会把这些文字变成对应的数字编码，并将其保存起来。当你想看之前输入的文字时，计算机就将数字编码再转换为我们熟悉的文字并显示出来。

因为ASCII码只能表示英文字母、阿拉伯数字和一些符号，所以计算机专家们又发明了一个更大的编码系统叫作"Unicode"，它包含世界上几乎所有语言的字符。它的编码原理与ASCII码一样，每个字母、数字、符号都有一个独一无二的数字编码。像这样的编码还有很多种，如GB2312、GBK等。

编码后的文字一般以文档文件的形式存储。计算机会根据文件扩展名来判断文件的类型，然后再进行解码。图2.3是常见的文档文件扩展名。

| .txt | .doc(.docx) | .wps |
| .pdf | .htm(.html) | .rtf |

图2.3　常见的文档文件扩展名

我的智能探索

一、ASCII码转换练习

请同学们在表2.1的空白处填写对应的内容（ASCII码表见附录）。

表2.1　ASCII编码转换

练习	原文	ASCII编码（十进制）
示例	How are you？	72 111 119 32 97 114 101 32 121 111 117 63
1	How do you do?	
2		73 32 108 105 107 101 32 115 116 117 100 121 46

二、ASCII码信息传递

请同学们两两一组，各小组分别用ASCII码编码一个"秘密"，将编码后的信息传递给对方，待对方解码后检查是否与原消息的内容一致。

思考：字符的ASCII码编码位数不一样，怎样避免编码和解码时出现混乱？

数据宝藏岛：进阶寻宝

我的智能成果

文字编码是最基础的计算机编码。现在你对文字编码的基本原理是否已经了解了？请同学们将自己的收获以文字或图片的形式记录在表2.2中。

表2.2 我的收获

研究问题	我的收获
文字编码的基本原理	
文字编码和解码的方法	

请同学们将本节课的学习活动表现评价记录在表2.3中。

表2.3 我的学习活动表现评价

评价内容	自我评价	组长评价
了解常见的文字编码的名称	☆☆☆☆☆	☆☆☆☆☆
初步学会用ASCII码编码和解码	☆☆☆☆☆	☆☆☆☆☆
能够识别常见文档文件的扩展名	☆☆☆☆☆	☆☆☆☆☆
能够认真思考，积极发言，参与合作探究	☆☆☆☆☆	☆☆☆☆☆

我的智能视野

通过编码，计算机能够处理和理解文字信息，为人工智能的发展打下基础。你知道现在有哪些与文字处理相关的人工智能应用吗？请填写表2.4。

表2.4　与文字处理相关的人工智能应用

我知道有	
我使用过	
我希望有	

请在课后尝试使用一种有关文字处理的人工智能应用，思考一下在学习方面，它能帮助我们做些什么？

数据宝藏岛：进阶寻宝

第2课　多彩像素 —— 认识图像编码

我的智能生活

图像在计算机及其他智能设备里随处可见，计算机是不是也是通过编码来显示图像的呢？我们一起来探究一下。

我的智能活动计划

要想了解计算机如何对图像进行编码和解码，同学们可以参考图2.4所示的智能活动计划来开展本节课的学习。

图2.4　智能活动计划

我的智能学习

一、理解图像与像素之间的关系

图2.5是"彩虹"图像放大后的部分图像效果，我们能看到很多方形的格子，这正体现了计算机对图像的处理。

图2.5　"彩虹"图像放大后的部分图像效果

计算机处理图像的方式，就像用很多非常小的彩色积木来搭建图像一样。这些小积木在计算机世界里有个名字，叫作"像素"。每个像素都有自己的颜色，它是由红色（R）、绿色（G）和蓝色（B）3种颜色的不同组合组成的。

二、了解图像编码的原理

每幅图像都由成千上万个甚至上百万个像素组成。计算机保存图像时，会记录每个像素的位置及它的RGB值。就像在说："在这个位置放一个红255、绿0、蓝0的像素，在旁边放一个红0、绿255、蓝0的像素"等，类似于给每一块积木都写了搭建指南。通过这样的方式，计算机就能对图像进行编码并将其存储下来。

当需要显示这幅图像时，计算机按照存储的编码快速地把所有的小像素放回正确的位置，我们就能看到完整的图像了。

图像文件有多种格式，图2.6所示的是常见的图像文件扩展名。

.jpg	.png	.tif
.bmp	.gif	.psd

图2.6　常见的图像文件扩展名

我的智能探索

体验图像编码和解码

在指定的空白像素网格（如16像素×16像素）上创建简单的像素图，如图2.7所示。请分组练习，将图像编码发给其他同学，看他们能不能根据图像编码将图像还原。

数据宝藏岛：进阶寻宝

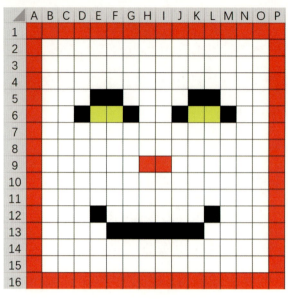

图2.7 像素图示例

我的智能成果

通过本节课的学习，你是否已经掌握了图像编码的基本原理？请同学们将自己的收获以文字或图片的形式记录在表2.5中。

表2.5 我的收获

研究问题	我的收获
像素如何构成图像	
计算机怎样对图像进行编码	

请同学们将本节课的学习活动表现评价记录在表2.6中。

表2.6　我的学习活动表现评价

评价内容	自我评价	组长评价
了解像素及像素的颜色组成	☆☆☆☆☆	☆☆☆☆☆
理解像素如何构成图像	☆☆☆☆☆	☆☆☆☆☆
理解图像编码的基本原理	☆☆☆☆☆	☆☆☆☆☆
能够认真思考，积极发言，参与合作探究	☆☆☆☆☆	☆☆☆☆☆

我的智能视野

有了图像编码的基础，与图像相关的人工智能技术层出不穷。你知道现在有哪些与图像处理相关的人工智能应用吗？请填写表2.7。

表2.7　与图像处理相关的人工智能应用

我知道有	
我使用过	
我希望有	

请在课后尝试使用一种有关图像处理的人工智能应用，想一想在学习方面，它能帮助我们做些什么？

数据宝藏岛：进阶寻宝

第3课　神奇波动——初识声音编码

我的智能生活

有的同学喜欢用计算机听音乐，但声音和文字、图像不一样，它是看不见的，那么，计算机是如何捕捉和保存声音的呢？我们一起来探索一下吧。

我的智能活动计划

想要了解计算机如何将声音转换成计算机可识别的编码，同学们可以参考图2.8所示的智能活动计划来开展本节课的学习。

图2.8　智能活动计划

我的智能学习

计算机通过传感器获取到的声音就像一条连绵起伏的波浪线，它传递了声音的大小和频率高低等信息。每一段波浪线代表一个很短的时间内声音的"样子"。计算机会把每一小段声音的大小和频率等信息转换成编码，再把这些编码排成一长串，计算机就可以很容易地处理或者保存声音了。

当需要播放声音时，计算机按顺序读取保存的编码，通过播放设备将编码包含的声音信息还原，我们就能听到清晰的声音了。图2.9是编码后声音的图像——"波形图"。

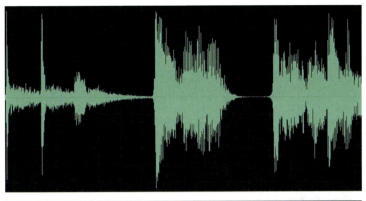
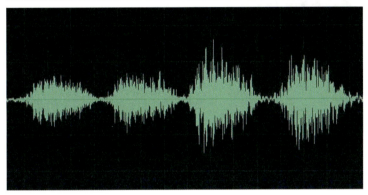

图2.9 不同声音的波形图

声音文件也有专属的扩展名,常见的声音文件扩展名见图2.10。计算机会根据声音文件的扩展名调用对应的程序打开声音文件。

.mp3	.wav	.wma
.ape	.flac	.aac

图2.10 常见的声音文件扩展名

我的智能探索

让我们一起来研究一下计算机中的声音。请同学们自由分组,各小组根据表2.8的提示用计算机录制自己的声音,将观察到的波形图的变化填在表2.8中,并讨论一下自己的发现。

数据宝藏岛：进阶寻宝

表2.8　声音编码实验

声音的变化	波形图的变化
例：正常声音	波形图正常（以此为基础）
语速加快	
语速变慢	
说话的音量提高	
说话的音量降低	

我的智能成果

请同学们将自己的收获以文字或图片的形式记录在表2.9中。

表2.9　我的收获

研究问题	我的收获
声音编码的特殊性	
声音编码原理	

请同学们将本节课的学习活动表现评价记录在表2.10中。

表2.10　我的学习活动表现评价

评价内容	自我评价	组长评价
了解常见的声音文件的扩展名	☆☆☆☆☆	☆☆☆☆☆
掌握声音编码的原理	☆☆☆☆☆	☆☆☆☆☆
了解声音波形图	☆☆☆☆☆	☆☆☆☆☆
能够认真思考，积极发言，参与合作探究	☆☆☆☆☆	☆☆☆☆☆

我的智能视野

有了声音编码，就能让人工智能应用听懂声音、生成声音、处理声音。你知道现在有哪些与声音处理相关的人工智能应用吗？请同学们填写表2.11。

表2.11 与声音处理相关的人工智能应用

我知道有	
我使用过	
我希望有	

请在课后尝试使用一种有关声音处理的人工智能应用，想一想在学习方面，它能帮助我们做些什么？

数据宝藏岛：进阶寻宝

第4课　动态视界——巧用视频编码

我的智能生活

许多同学使用过视频通话，也很喜欢在各个平台上搜索感兴趣的视频，那么，同学们是否思考过计算机是怎样处理视频的呢？在本节课，我们就一起来了解一下计算机如何进行视频编码、视频编码与其他编码的联系和不同吧。

我的智能活动计划

想要了解计算机如何进行视频编码，同学们可以参考图2.11所示的智能活动计划来开展本节课的学习。

图2.11　智能活动计划

我的智能学习

如果有很多张画，它们被一张接一张地快速翻动，我们的大脑就会把这些连续变化的画面理解成流畅的动态影像，如小鸟飞翔、汽车奔驰或者小朋友追逐打闹的情景。在视频里，这些画叫作"帧"。图2.12所示的是某视频文件的属性信息。

第2单元 数字变魔术——文件里的秘密编码

```
视频
时长           00:34:42
帧宽度         1192
帧高度         794
数据速率       206kbit/s
总比特率       334kbit/s
帧速率         30.00 帧/秒
音频
比特率         127kbit/s
频道           2 (立体声)
音频采样频率   44.100kHz
```

图 2.12　某视频文件的属性信息

从图 2.12 可以看出，视频文件的属性信息同时包含了图像编码和声音编码的数据。如果仅简单地对每一帧图像和声音进行独立编码，视频文件的存储空间会非常庞大，不利于保存和传输。因此，视频编码需要通过优化技术来压缩数据。例如，通过比较相邻帧之间的差异，仅记录变化部分，从而大幅减少存储空间。目前常见的视频编码标准包括 H.264、H.265、VP9 和 AV1 等，这些技术能够在显著压缩文件大小的同时，保持出色的画质。由此可见，视频编码的本质是将图像编码和声音编码巧妙地融合在一起，并通过高效的压缩算法实现存储与传输的优化。

常见的视频文件扩展名如图 2.13 所示，计算机也会根据视频文件的扩展名来选择视频文件的打开方式。

.mp4	.avi	.mov
.wmv	.mpg(.mpeg)	.mkv
.asf	.ts	.flv

图 2.13　常见的视频文件扩展名

数据宝藏岛：进阶寻宝

我的智能探索

请同学们自由分组，各小组按照表2.12的提示使用视频处理软件对同一个视频进行操作，根据表格要求做好相关记录，并思考表2.13中的问题。

表2.12　视频编码探索之旅

操作	视频分辨率/像素	帧速率/（帧/秒）	文件大小/MB
① 原始视频文件			
② 视频分辨率降低到50%			
③ 帧速率降低到50%			

表2.13　视频编码探索之旅的思考

问题	结论（能/不能）	原因
如果只提高视频分辨率，视频清晰度会提高吗		
如果只提高帧速率，画面会更流畅吗		
在不降低视频质量的前提下，能让视频文件所占用的存储空间减小吗		

我的智能成果

你是否已经了解视频编码？请将自己的收获以文字或图片的形式记录在表2.14中。

第2单元 数字变魔术——文件里的秘密编码

表2.14 我的收获

研究问题	我的收获
视频编码与图像编码和声音编码的关系	
视频编码的基本原理	

请同学们将本节课的学习活动表现评价记录在表2.15中。

表2.15 我的学习活动表现评价

评价内容	自我评价	组长评价
了解常见视频文件的扩展名	☆☆☆☆☆	☆☆☆☆☆
了解视频编码的基本原理	☆☆☆☆☆	☆☆☆☆☆
能够对视频文件进行简单调整	☆☆☆☆☆	☆☆☆☆☆
能够认真思考，积极发言，参与合作探究	☆☆☆☆☆	☆☆☆☆☆

我的智能视野

视频编码的发展推动了相关人工智能应用的创新。你知道现在有哪些与视频处理相关的人工智能应用吗？请同学们填写表2.16。

表2.16 与视频处理相关的人工智能应用

我知道有	
我使用过	
我希望有	

数据宝藏岛：进阶寻宝

请同学们在课后了解更多有关视频处理的人工智能应用，想一想在学习方面，它能帮助我们做些什么？

第2单元　数字变魔术——文件里的秘密编码

单元总结

我做了什么

同学们研究了计算机中的文件编码,加深了对文字编码、图像编码、声音编码及视频编码的基本原理的了解,经历了"探索文字编码→认识图像编码→初识声音编码→巧用视频编码"的学习过程。

我学会了什么

请同学们填写表2.17,整理一下你在本单元的学习中的收获。

表2.17　我的收获

	文字	图像	声音	视频
文件扩展名				
编码基本原理				
相关人工智能应用				

你有没有找到各种编码之间的联系?

我的收获

同学们在研究文件编码的过程中,学会了将理论与实践相结合,认识了文件编码的基本原理。

本单元也涉及了一些有关的人工智能应用,请尝试去使用它们,并与同学们进行交流分享。

第3单元
智慧小镇探险——人工智能中的数据

单元情景

小智和小慧去了一趟智慧小镇，小镇中的居民们用数据驱动机器，让生活更方便有趣。他们变身为小探险家，探索智能技术，发现数据是人工智能理解世界的关键。他们在智慧小镇体验了数字识别技术和人脸识别技术，感受到了人工智能的神奇和发展潜力。

单元主题

数据是人工智能洞悉世界的核心要素。历经"数据采集—数据预处理—数据学习—测试"这一系列严谨流程，人工智能在应用中愈发智能，不断解锁新的认知维度。请你和同学们一起讨论并思考以下问题：

1. 人工智能中有哪些类型的数据？
2. 人工智能是怎样通过学习海量数据，构建起对世界的认知体系的？
3. 人工智能领域的数据处理和模型训练是如何实现的？
4. 数据如何帮助人工智能做决策？

我的智能学习目标

1. 了解人工智能中的数据，体验其应用。
2. 学习收集数据，建立数据集。

3.掌握数据处理技巧,将数据可视化。

4.通过数字识别程序,学会验证人工智能模型训练效果。

我的智能学习工具

硬件准备:可以连接互联网的计算机。

软件准备:图形化编程软件、在线人工智能实验平台。

数据宝藏岛：进阶寻宝

第1课　神奇的数据世界——数据知多少

我的智能生活

在智慧小镇，人工智能让人们的生活更加便利。这节课，小智化身成数据侦探，探索人工智能数据奥秘，感受人工智能魅力！

我的智能活动计划

想要了解人工智能中的数据，同学们可以参考图3.1所示的智能活动计划来开展本节课的学习。

图3.1　智能活动计划

我的智能学习

一、人工智能中的数据种类

人工智能可以基于不同的数据学习，包括数值数据、文本数据、语音数据、图像数据、视频数据、传感器数据及生物识别数据等。

二、不同场景中的数据

数据在不同场景中发挥着重要作用。例如，在智慧城市中，交通流量和环境监测数据帮助优化城市管理；在医疗领域，电子病历和健康数据支持疾病诊断和个性化治疗；在零售领域，用户浏览和购买数据驱动个性化推荐和库存优化。无论是智能制造、教育科技，还是农业、智能家居、自动驾驶和社交媒体，智能数据都通过分析和应用，提升效率、优化决策，并改善用户体验。随着技术进步，智能数据的应用场景将更多、价值将更高。

三、人工智能中的数据工作过程

人工智能通过"眼睛""耳朵"收集周围信息,把这些信息告诉"大脑"。如图3.2所示,在"大脑"里,机器会学习如何理解这些信息,如认识不同颜色的苹果。学完后,机器就能用这些知识来帮助我们找到想要的苹果。

图3.2 机器认识苹果

我的智能探索

一、分析不同人工智能应用场景中的数据类型

在智慧小镇中,人工智能依赖多种类型的数据来了解智慧小镇的运行状况,从而更好地帮助管理者管理智慧小镇。请选择一个你感兴趣的场景,分析该场景中人工智能应用的数据组成,并将结果记录在表3.1中。

数据宝藏岛：进阶寻宝

表3.1　分析数据组成

我的需求	分析_____的数据	
我的分析	数据类型	☐ 数值数据　　　☐ 文本数据 ☐ 语音数据　　　☐ 传感器数据 ☐ 图像和视频数据　☐ 生物识别数据
	具体类型	气温：数值数据

二、体验智能家居中的数据"运动"

在体验智慧小镇中的智能家居系统时，小智和小慧发现多种环境数据也在源源不断地进入系统，经过智能家居系统的处理，环境变得更舒适。请同学们自由分组，各小组在图3.3中画出智能家居系统中的数据是如何工作的。

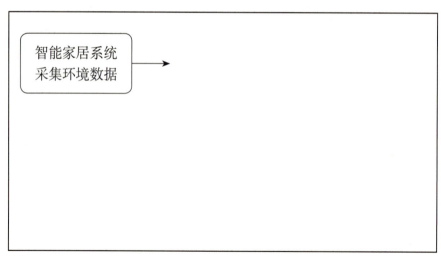

图3.3　数据工作过程

我的智能成果

请同学们将自己的收获以文字或图片的形式记录在表3.2中。

第3单元　智慧小镇探险——人工智能中的数据

表 3.2　我的收获

研究问题	我的收获
人工智能中的数据工作过程	

请同学们将本节课的学习活动表现评价记录在表 3.3 中。

表 3.3　我的学习活动表现评价

评价内容	自我评价	组长评价
了解人工智能中的数据种类	☆☆☆☆☆	☆☆☆☆☆
了解不同场景中的数据	☆☆☆☆☆	☆☆☆☆☆
了解人工智能中的数据工作过程	☆☆☆☆☆	☆☆☆☆☆
分析不同人工智能应用场景中的数据类型	☆☆☆☆☆	☆☆☆☆☆

我的智能视野

回顾本节课的学习内容，请同学们研究其他人工智能应用的数据工作过程，如智慧交通系统等，并将研究记录填写在表 3.4 中。

表 3.4　我的研究记录

研究问题	
研究过程	
研究收获	

数据宝藏岛：进阶寻宝

第2课　捕捉数据宝藏——数据的收集和整理

我的智能生活

智慧小镇里，小智和小慧玩九宫格游戏，比谁先完成。小智很快填完，看着都是对的，但系统说他填错了。这是为什么呢？

我的智能活动计划

想要分析为什么答案识别错误，就需要先了解人工智能中数据的收集和整理过程。同学们可以参考图3.4所示的智能活动计划来开展本节课的学习。

图3.4　智能活动计划

我的智能学习

一、认识数据集

在人工智能学习识别数字的过程中，它会收集并记录所"看"到的数字，这些数字汇聚起来形成数据集。数据集在人工智能领域用途广泛，不仅能够助力模型训练，让模型从海量数据中总结规律；还能用于模型验证，通过对特定数据的分析，检验模型是否符合预期；同时，在模型测试环节，数据集也不可或缺，能帮助模型进一步优化性能。

二、了解手写数字数据集

手写数字数据集是帮助机器学习的工具，里面有很多手写数字图片。我们可以用这个数据集来教机器识别数字，就像我们学习认字一样。手写数字数据集如图3.5所示。

第3单元 智慧小镇探险——人工智能中的数据

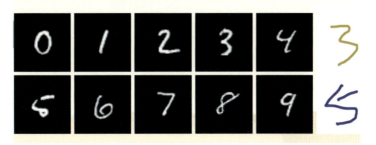

图3.5 手写数字数据集

三、分析特征提取

尽管不同人书写的数字风格各异，但我们能够根据数字的特征轻松识别它们。同样，机器学习通过特征提取将复杂的信息简化为关键特征，从而使机器能够敏锐捕捉到每个数字的独特之处，例如数字的笔画走势、线条的连接方式等，能够更高效地识别数字。

我的智能探索

一、体验数字数据集中的数据收集

请同学们在表3.5中写下不同写法的数字，也可以找其他同学帮忙写。

表3.5 创建数据集

0										
1										
2										
3										
4										
5										
6										
7										
8										
9										

数据宝藏岛：进阶寻宝

在获取手写数字数据集时，为什么要选择不同的人来写，而且要先挑出错误数字再分类呢？

二、体验特征提取

同学们，图3.6所示的是两个不同写法的数字"2"的像素图案，图案中棕色重合部分是模型提取出的数字"2"的共同特征。现在请你们在图3.7上绘制出数字"3"的另一个像素图案，然后仿照上述方式提取两个数字"3"的共同特征，并和同学们一起讨论一下人工智能是如何对文字进行特征提取的。

图3.6　两个不同写法的数字"2"的像素图案

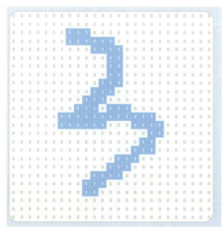

图3.7　数字"3"的像素图案

我的智能成果

请同学们将自己的收获以文字或图片的形式记录在表3.6中。

表3.6 我的收获

研究问题	我的收获
人工智能中数据的收集和整理	

请同学们将本节课的学习活动表现评价记录在表3.7中。

表3.7 我的学习活动表现评价

评价内容	自我评价	组长评价
认识数据集	☆☆☆☆☆	☆☆☆☆☆
了解手写数字数据集	☆☆☆☆☆	☆☆☆☆☆
分析特征提取	☆☆☆☆☆	☆☆☆☆☆
体验手写数字数据集收集与整理过程	☆☆☆☆☆	☆☆☆☆☆

我的智能视野

回顾本节课所学,请同学们继续研究其他人工智能应用数据的收集和整理,如宠物AI识别,并将研究记录填写在表3.8中。

表3.8 我的研究记录

研究问题	
研究过程	
研究收获	

数据宝藏岛：进阶寻宝

第3课　数据的"魔法"变身——数据的表示与分析

我的智能生活

今天，我们将学习如何训练一个模型来识别手写数字，并探索模型验证的可视化"魔法"。

我的智能活动计划

想要了解人工智能中的数据，就需要了解如何表示与分析人工智能中的数据。同学们可以参考图3.8所示的智能活动计划来开展本节课的学习。

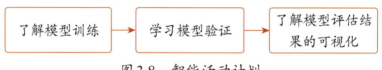

图3.8　智能活动计划

我的智能学习

一、了解模型训练

我们为人工智能模型提供大量手写数字图片，并教会它一种"魔法公式"（算法）来识别数字。每当它判断错误时，我们都会及时纠正。经过反复训练，它逐渐变得越来越聪明，最终能够准确识别我们书写的每一个数字，如图3.9所示。

图3.9　模型训练

二、学习模型验证

验证模型就是检验它能否准确识别从未见过的手写数字。如图3.10所示，我们对模型开展一次"小测验"，输入一系列它从未见过的手写数字，然后判断其给出的答案是否正确。若模型给出的正确答案数量较多，意味着该模型性能优异；若错误答案占比较大，则表明模型还需进一步学习优化。通过这种方式，我们可以评估模型的水平，并有针对性地优化它，使其性能不断提升。

图3.10　模型验证

三、了解模型评估结果的可视化

当模型完成训练后，我们会对其进行评估打分。具体如何操作呢？我们通过一种直观的"成绩单"形式来呈现。在展示一系列手写数字图片让模型识别后，将模型猜对的数字标记为绿色，猜错的标记为红色。从这张"成绩单"上可以一目了然地看出，绿色标记越多，说明模型表现越出色，也就意味着这个模型更加"聪明"。实

数据宝藏岛：进阶寻宝

际上，这张特别的"成绩单"就是模型的评估结果，它以可视化的方式清晰地向我们展示出模型在哪些方面表现优异，哪些地方还有提升空间，从而为后续优化提供明确方向。

我的智能探索

一、体验模型训练

在人工智能学习平台上任意选择一个"魔法公式"，如图3.11所示，在参数位置输入数字，单击"开始训练"按钮，完成训练后，查看模型训练结果有什么变化。

图3.11　体验模型训练

二、体验模型验证

如图3.12所示，在左侧输入框中手写输入数字，单击"开始验证"按钮，查看匹配率。用不同字体书写，多验证几次，查看匹配率有什么变化。

第3单元 智慧小镇探险——人工智能中的数据

图3.12 模型验证体验

我的智能成果

请同学们将自己的收获以文字或图片的形式记录在表3.9中。

表3.9 我的收获

研究问题	我的收获
训练并验证人工智能模型	

请同学们将本节课的学习活动表现评价记录在表3.10中。

表3.10 我的学习活动表现评价

评价内容	自我评价	组长评价
了解模型训练	☆☆☆☆☆	☆☆☆☆☆
掌握模型验证	☆☆☆☆☆	☆☆☆☆☆
了解模型评估结果可视化	☆☆☆☆☆	☆☆☆☆☆

数据宝藏岛：进阶寻宝

我的智能视野

回顾本节课所学，继续研究其他人工智能应用的数据模型训练和验证，如人脸识别应用等，并将研究记录填写在表3.11中。

表3.11　我的研究记录

研究问题	
研究过程	
研究收获	

第3单元 智慧小镇探险——人工智能中的数据

第4课　聪明的数据助手——数据帮我们进行决策

我的智能生活

在智慧小镇中，有个"数据助手"很神奇，它很聪明，能帮我们进行决策。小智和小慧对它很感兴趣，他们想学习人脸识别技术，并用编程来实现这项技术。

我的智能活动计划

同学们可以参考图3.13所示的智能活动计划来开展本节课的学习。

图3.13　智能活动计划

我的智能学习

一、了解人脸识别技术

如图3.14所示，基于人脸识别技术，我们可以知道图片中人的年龄范围、性别、脸型等。要实现人脸识别技术，我们只需要拍一张照片上传到计算机中，程序就能帮我们识别了。

图3.14　人脸识别技术

二、分解研究的问题

程序中，要想让人脸被识别，就要将问题分解：先拍照，将图像上传至云端进行识别，再将数据传到本地，存储数据并显示数值。当

数据宝藏岛：进阶寻宝

然，还有一些识别结果数据以条件的形式存在，例如性别和戴眼镜情况等，这就需要我们进行具体的条件判断。

三、设置程序参数

1. 拍摄或上传图像识别人脸：

[拍摄或上传图像 识别人脸]

2. 调取识别结果：

[人脸年龄结果] [人脸情绪结果] [人脸脸型结果]

3. 判断识别结果：

我的智能探索

一、选择程序参数

请同学们选择编写人脸识别程序所需要的积木，并填写在表3.12中。

表3.12 所需要的积木及其参数

积木	参数

二、设计程序执行人脸识别

请同学们自由分组，各小组按照以下步骤搭建积木，完成人脸识别程序的设计。

步骤1：拍摄或上传图像识别人脸。

[拍摄或上传图像 识别人脸]

注意：允许使用设备摄像头。

步骤2：根据识别对象建立变量并设置变量。

根据你的需要新建3～5个变量，变量显示如图3.15所示。

图3.15　变量显示

步骤3：运用分支结构执行条件判断。

如图3.16所示，设置判断条件、显示输出结果，以性别显示为例，如果性别为男，则设置变量性别的值为"男"，否则设置变量性别的值为"女"。

图3.16　设置判断条件

数据宝藏岛：进阶寻宝

我的智能成果

请同学们将自己的收获以文字或图片的形式记录在表3.13中。

表3.13　我的收获

研究问题	我的收获
用程序实现人脸识别	

请同学们将本节课的学习活动表现评价记录在表3.14中。

表3.14　我的学习活动表现评价

评价内容	自我评价	组长评价
了解人脸识别技术	☆☆☆☆☆	☆☆☆☆☆
设置程序参数	☆☆☆☆☆	☆☆☆☆☆
执行人脸识别程序	☆☆☆☆☆	☆☆☆☆☆

我的智能视野

回顾本节课所学，继续研究人脸识别技术的用途，如发型推荐等，并将其记录在表3.15中。

表3.15　我的研究记录

研究问题	
研究过程	
研究收获	

第3单元 智慧小镇探险——人工智能中的数据

单元总结

我做了什么

通过对本单元的学习，研究了人工智能中的数据，体验了"采集数据→特征提取→模型训练→模型验证→模型评估结果可视化"过程，最后用图形化编程实现人脸识别应用。

我学会了什么

梳理本单元所学内容，请将图3.17补充完整。

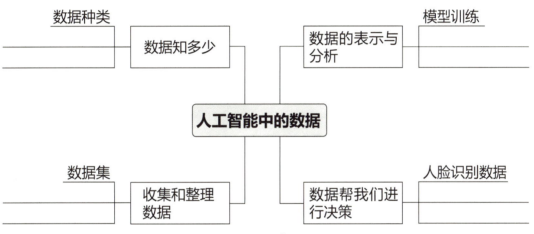

图3.17 本单元内容

我的收获

在本单元探索人工智能中的数据过程中，同学们有哪些收获呢？请写下来吧。

_____
_____
_____

第4单元
走进智能图书馆——自助借阅图书

单元情景

小智和小慧来到一座智能图书馆,他们在馆内的查询机上查找图书,在自助借还书机上借阅图书,真是太方便了。这座智能图书馆通过使用物联网、云计算等新技术,实现了高效服务。

单元主题

图书馆里每一本图书都有自己独特的"密码"。在进行每节课的学习时,请同学们思考图书馆藏书有几个"密码"?每一个"密码"的编码原则分别是什么?"密码"们有什么作用?我们如何利用编码在图书馆里找到想看的图书?如何利用自助借还书机来借还图书?

我的智能学习目标

1. 了解中国标准书号的编码原则及作用。
2. 了解索书号的编码原则,并能利用索书号检索图书。
3. 了解图书馆藏书条形码的作用,体验自助借还书的过程。
4. 了解数据间的关联,发现并分析图书馆内存在的问题,并针对你发现的问题提出合理建议。

我的智能学习工具

硬件准备:可以连接互联网的计算机。

软件准备:搜索引擎、自助借阅系统。

第1课　图书的"身份证"——中国标准书号

我的智能生活

小智和小慧发现图书馆里的每本图书都有中国标准书号，它可用于图书的识别和管理。

我的智能活动计划

本节课我们会了解图书上的中国标准书号，体验使用中国标准书号检索图书。同学们可以参考图4.1所示的智能活动计划来开展本节课的学习。

图4.1　智能活动计划

我的智能学习

一、中国标准书号的意义

中国标准书号是国际标准书号（ISBN）系统的组成部分，它是图书的"身份证"，可以帮助出版者、书店和图书馆高效地分类和检索图书，同时也方便读者快速找到所需图书。

二、中国标准书号的组成

中国标准书号的组成如图4.2所示，图中这些数字有什么含义呢？

数据宝藏岛：进阶寻宝

图4.2 中国标准书号的组成

三、中国标准书号的验证方法

中国标准书号的最后一个数字为校验码，必须为0～9。通过计算加权和、取模运算、计算校验码，我们可以验证中国标准书号是否正确。

我的智能探索

一、书中的编码

请同学们从家中和图书馆中找到3本书，把书上的相关信息和发现填写在表4.1中。

表4.1 书上的相关信息和发现

书名	作者	出版社	中国标准书号	其他编码	发现

二、验证中国标准书号

请同学们使用图4.3所示的验证中国标准书号的方法,试着计算 ISBN 978-7-5308-7374-8 是否正确?

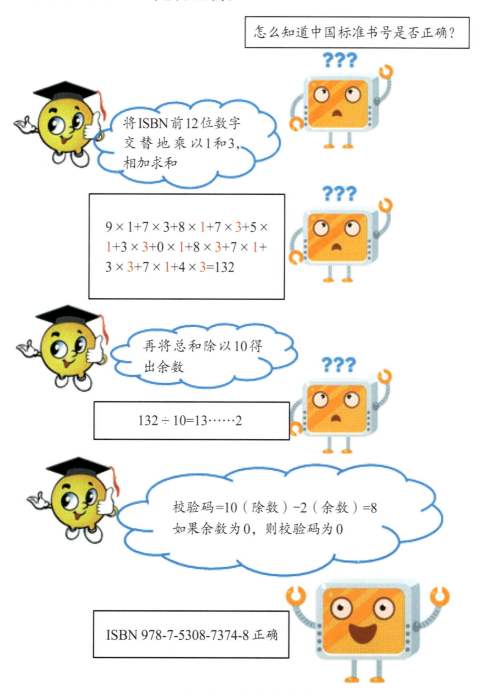

图4.3　验证中国标准书号的方法

数据宝藏岛：进阶寻宝

请你再选择一个中国标准书号，验证一下它是否有效。

三、用中国标准书号检索图书

请你登录"国家新闻出版署"官方网站，输入老师提供的ISBN，看看是什么书。请填写表4.2。

表4.2　检索图书

中国标准书号	书名	作者	出版社	发现

我的智能成果

我们了解了图书的中国标准书号，请同学们将自己的收获以文字或图片的形式记录在表4.3中。

表4.3　我的收获

研究问题	我的收获
中国标准书号的作用	

请同学们将本节课的学习活动表现评价记录在表4.4中。

表4.4　我的学习活动表现评价

评价内容	自我评价	组长评价
了解中国标准书号的意义	☆☆☆☆	☆☆☆☆
了解中国标准书号的组成	☆☆☆☆	☆☆☆☆
了解验证中国标准书号的方法	☆☆☆☆	☆☆☆☆
能够使用中国标准书号检索图书	☆☆☆☆	☆☆☆☆

第4单元　走进智能图书馆——自助借阅图书

我的智能视野

　　智能图书馆通过结合中国标准书号，运用虚拟现实技术为读者打造沉浸式阅读体验。借助全景视频、全息影像等技术，文本内容得以生动呈现，同时结合绘画、表演等艺术形式，进一步丰富了阅读场景，使读者能够更直观地感受文本内容。此外，中国标准书号在图书馆中还有许多其他用途，例如库存管理、借阅记录等。你还发现了中国标准书号的哪些用途呢？

数据宝藏岛：进阶寻宝

第2课　找书"法宝"——索书号

我的智能生活

小智和小慧在图书馆里发现每本书的书脊上均有编码，如图4.4所示，老师说这是索书号，它可以帮助我们整理和快速查找图书。

图4.4　索书号

我的智能活动计划

本节课我们将了解图书上的索书号，并使用它来检索图书。同学们可以参考图4.5所示的智能活动计划来开展本节课的学习。

图4.5　智能活动计划

我的智能学习

一、索书号的位置

图书馆里每本书的书脊上都有图4.4所示的索书号，它们由字母、数字和符号组成。它能准确显示图书在书架上的位置，是读者查找图书的重要信息。

二、索书号的组成

索书号由图4.6所示的分类号和书次号组成。分类号依据图4.7所示的《中国图书馆分类法》选取。

I 246.5 / 5

分类号：
文学类—中国文学—小说—现代作品（1919—1949年）—新体长篇、中篇小说

书次号：
馆藏书的同一类书中各种不同图书的次序

图4.6　索书号的组成

《中国图书馆分类法》

A 马克思主义、列宁主义、毛泽东思想、邓小平理论	N 自然科学总论
B 哲学、宗教	O 数理科学和化学
C 社会科学总论	P 天文学、地球科学
D 政治、法律	Q 生物科学
E 军事	R 医药、卫生
F 经济	S 农业科学
G 文化、科学、教育、体育	T 工业技术
H 语言、文字	U 交通运输
I 文学	V 航空、航天
J 艺术	X 环境科学、安全科学
K 历史、地理	Z 综合性图书

图4.7　中国图书馆分类法

三、索书号的作用

图书馆里的图书是按照图4.8所示的索书号的大小（先按分类号从小到大排列，分类号相同时再按书次号从小到大排列），从左到右，从上到下排列的。

数据宝藏岛：进阶寻宝

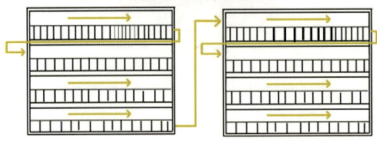

图4.8　图书排列顺序

我的智能探索

一、查找图书

请你从图书馆里找到以下图书，并在表4.5中写出它的信息。

表4.5　书籍中的索书号

书名	索书号	类别	书架号	备注
《十万个为什么》				
《新华字典》				
《格林童话》				

二、放回图书

怎样利用索书号找到《安徒生童话》这本书呢？如何把归还的图书放回书架呢？请同学们总结出查找图书、放回图书的步骤。

先看_____，如果分类号相同再看_____。

我的智能成果

学会使用索书号,就能更便捷地找到想要的书。请同学们将自己的收获以文字或图片的形式记录在表4.6中。

表4.6 我的收获

研究问题	我的收获
如何使用索书号	

请同学们将本节课的学习活动表现评价记录在表4.7中。

表4.7 我的学习活动表现评价

评价内容	自我评价	组长评价
找到索书号的位置	☆☆☆☆☆	☆☆☆☆☆
了解索书号的组成	☆☆☆☆☆	☆☆☆☆☆
了解索书号的作用	☆☆☆☆☆	☆☆☆☆☆
能够根据索书号在图书馆里找到对应的图书	☆☆☆☆☆	☆☆☆☆☆

我的智能视野

在智能图书馆中,通过扫描索书号可迅速显示图书的信息和位置,引导读者借还图书。智能导航系统提供路线指引,机器人可实现图书递送。

数据宝藏岛：进阶寻宝

第3课　自助借还书——图书馆藏书条形码的使用

我的智能生活

小智和小慧在智能图书馆里自助借书时遇到了一个问题，他们用机器扫描某图书的ISBN和索书号时，机器无反应。随后，小智试着扫描该书第一页上如图4.9所示的条形码，成功借阅。

图4.9　图书馆藏书条形码

我的智能活动计划

同学们可以参考图4.10所示的智能活动计划来开展本节课的学习。

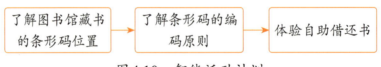

图4.10　智能活动计划

我的智能学习

一、图书馆藏书的条形码位置

图书馆藏书的第一页（或封面）上有条形码，如图4.11所示，可用于扫描以办理图书借还，方便快捷。

二、条形码的编码原则

条形码是图书馆用于统一管理藏书借阅的编号。例如，5本《新华字典》分别编号为12341～12345，每个编号对应一本《新华字典》，表示其在馆藏书中的顺序。

我的智能探索

如果该图书馆中最后一本馆藏书的条形码是125667，你能从中获得什么信息？

图4.11 条形码

一、自助借还书机的组成与作用

图书馆中的自助借还书机如图4.12所示。请同学们观察每一部分并思考其作用，然后与他人交流。

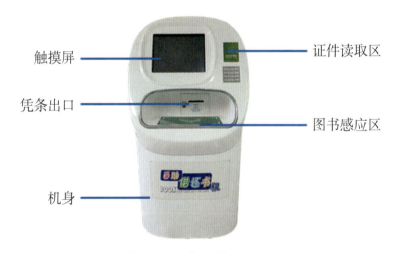

图4.12 自助借还书机

二、体验自助借还书

借还书之前的准备：_____

借还书时的注意事项：_____

我产生的新问题：_____

数据宝藏岛：进阶寻宝

我的智能成果

我们了解了图书馆藏书的条形码，请将自己的收获以文字或图片的形式记录在表4.8中。

表4.8 我的收获

研究问题	我的收获
如何使用图书馆藏书的条形码	

请同学们将本节课的学习活动表现评价记录在表4.9中。

表4.9 我的学习活动表现评价

评价内容	自我评价	组长评价
知道图书馆藏书的条形码位置	☆☆☆☆☆	☆☆☆☆☆
知道条形码的作用	☆☆☆☆☆	☆☆☆☆☆
能够在自助借还书机上借一本图书	☆☆☆☆☆	☆☆☆☆☆

我的智能视野

智能图书馆不仅支持刷脸进馆、自助借还图书和自助查询服务，还有智能图书管理员，它能识别读者并推荐图书，还可以回答读者所提出的与图书馆相关的问题。

请你走进一座智能图书馆，与同学们分享你在馆内的发现。

第4课　体验分享——数据有关联

我的智能生活

在乘坐飞机、火车以及在图书馆借阅图书时，小智和小慧都需要刷身份证进行身份验证。老师解释道，居民身份证号码作为一种具有唯一标识功能的编码，在社保系统、购票系统、银行系统等多个领域都有广泛应用。通过身份证号码，可以便捷地查询到居民的相关信息，如图4.13所示。

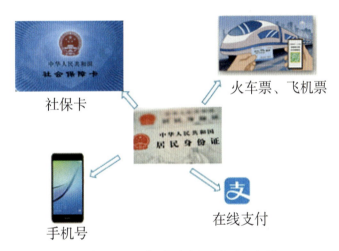

图4.13　多系统间的数据关联

我的智能活动计划

同学们可以参考图4.14所示的智能活动计划来开展本节课的学习。

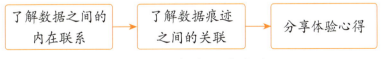

图4.14　智能活动计划

数据宝藏岛：进阶寻宝

我的智能学习

一、数据之间的内在联系

学生卡号作为学校图书馆管理系统中的唯一身份标识编码，在图书馆的各项服务中发挥着核心作用。它可以用于图书的借阅、归还和续借等，如图4.15所示。系统会实时记录并存储每位学生的图书借阅历史，为个性化服务提供数据支持，如根据阅读偏好推荐相关书籍。这些数据也为图书馆的资源采购和管理决策提供了重要参考，使图书馆服务更加智能化和高效化。

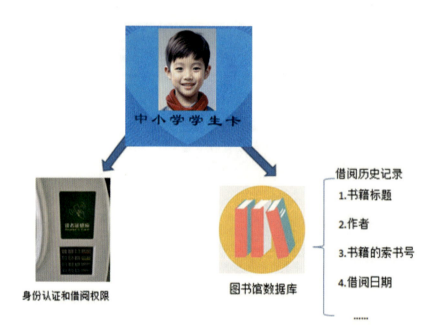

图4.15　数据之间的内在联系

二、数据痕迹之间的关联

图4.16展示了数字身份与多系统数据的关联，它能够帮助图书馆提供个性化服务，如个性化推荐、智能搜索与生成图书借阅排行榜，改善用户体验。

第4单元 走进智能图书馆——自助借阅图书

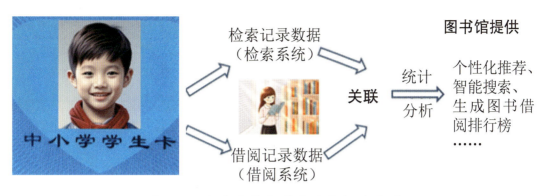

图4.16 数字身份与多系统数据的关联

我的智能探索

班级图书编码：请同学们自由分组，各小组尝试对班级图书进行编码，并向其他小组介绍编码规则。

经过本单元的学习和体验，各小组制定班级图书文明借阅公约或为学校的智能图书馆提出合理化建议。

我的智能成果

请同学们将自己的收获以文字或图片的形式记录在表4.10中。

表4.10 我的收获

研究问题	我的收获
数据之间的关联	

请同学们将本节课的学习活动表现评价记录在表4.11中。

数据宝藏岛：进阶寻宝

表4.11 我的学习活动表现评价

评价内容	自我评价	组长评价
了解数据之间的内在联系	☆☆☆☆☆	☆☆☆☆☆
了解数据痕迹之间的关联	☆☆☆☆☆	☆☆☆☆☆
能够交流分享自己的一项心得	☆☆☆☆☆	☆☆☆☆☆

我的智能视野

在图书馆中，图4.17所示的图书馆3D导航功能可以使我们查找图书更加高效。

图4.17 利用图书馆3D导航功能查找图书

第4单元 走进智能图书馆——自助借阅图书

单元总结

我做了什么

通过本单元的学习活动，我们深入了解了图书馆藏书的3个特殊编码：中国标准书号、索书号和条形码。我们还使用了自助借还书机来借阅图书，总结了借阅图书的步骤和注意事项，并为智能图书馆的建设提出了建议。

我学会了什么

梳理本单元所学内容，请将图4.18补充完整。

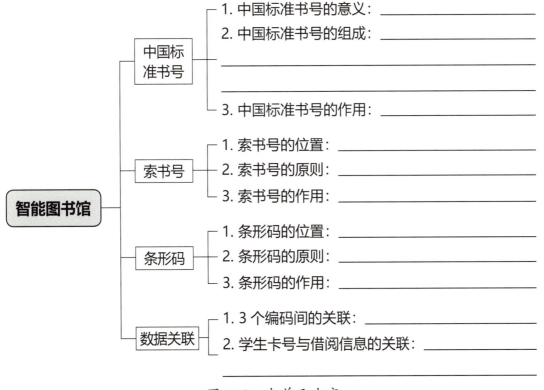

图4.18 本单元内容

数据宝藏岛：进阶寻宝

我的收获

同学们通过研究编码在生活中的运用，了解了图书编码的特征、原则与作用，体验了自助借阅服务。知道了为图书编码能提升图书的借阅与管理效率，对计算机数据管理至关重要。

生活中的编码还有很多，在学习和生活中，把你观察到的编码例子写出来：_____。

附录

附表 ASCII 码表(十进制)

ASCII值	字符	ASCII值	字符	ASCII值	字符	ASCII值	字符
0	NUL	32	(space)	64	@	96	`
1	SOH	33	!	65	A	97	a
2	STX	34	"	66	B	98	b
3	ETX	35	#	67	C	99	c
4	EOT	36	$	68	D	100	d
5	ENQ	37	%	69	E	101	e
6	ACK	38	&	70	F	102	f
7	BEL	39	'	71	G	103	g
8	BS	40	(	72	H	104	h
9	HT	41	)	73	I	105	i
10	LF	42	*	74	J	106	j
11	VT	43	+	75	K	107	k
12	FF	44	,	76	L	108	l
13	CR	45	-	77	M	109	m
14	SO	46	.	78	N	110	n
15	SI	47	/	79	O	111	o
16	DLE	48	0	80	P	112	p
17	DC1	49	1	81	Q	113	q
18	DC2	50	2	82	R	114	r
19	DC3	51	3	83	S	115	s
20	DC4	52	4	84	T	116	t

数据宝藏岛：进阶寻宝

续表

ASCII值	字符	ASCII值	字符	ASCII值	字符	ASCII值	字符
21	NAK	53	5	85	U	117	u
22	SYN	54	6	86	V	118	v
23	ETB	55	7	87	W	119	w
24	CAN	56	8	88	X	120	x
25	EM	57	9	89	Y	121	y
26	SUB	58	:	90	Z	122	z
27	ESC	59	;	91	[	123	{
28	FS	60	<	92	\	124	|
29	GS	61	=	93	]	125	}
30	RS	62	>	94	^	126	~
31	US	63	?	95	_	127	DEL